MEMOIRE

DU

GÉNÉRAL

COMTE DE HOGENDORP.

MEMOIRE

DU

GÉNÉRAL

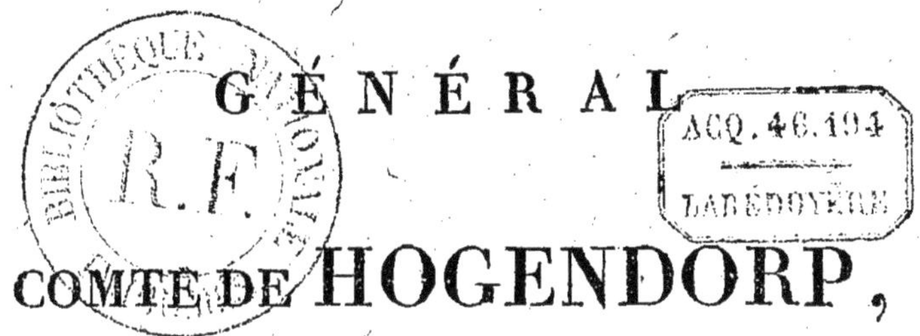

COMTE DE HOGENDORP,

POUR SERVIR DE RÉFUTATION

DES *BRUITS INJURIEUX*, ET DES *CALOMNIES*,
REPANDUES CONTRE LUI, DANS DES *GAZETTES*,
DES *JOURNAUX*, ET DES *PAMPHLETS*,
PENDANT QU'IL ETAIT GOUVERNEUR DE
HAMBOURG, LORS DU DERNIER BLOCUS
DE CETTE PLACE.

▸▸▸▸▸▸▸◉◂◂◂◂◂◂◂

à AMSTERDAM et à LA HAYE,
Chez LES FRÈRES VAN CLEEF.
à PARIS, chez FOURNIER FRÈRES.
à HAMBOURG, chez J. M. MENCK.
à BRUXELLES, chez P. J. DE MAT.

1814.

J'avais esperé, que je n'aurais pas eu besoin de me justifier devant le public par rapport à ma conduite comme Gouverneur de Hambourg, pendant le blocus de cette Place.

Car, quoiqu'informé que des gazettes allemandes, anglaises et hollandaises, avaient donné des articles virulents ou ma conduite et mon caractère, étaient horriblement calomniés; et que même dans des Pamphlets on s'était permis de me dechirer, par des mensonges, et des accusations destituées de toute verité, j'avais cru pouvoir opposer le silence et le mepris à ces misérables attacques. Mais apperçevant, que malheureusement pour moi, ces bruits injurieux ont fait impression sur l'esprit du public, lequel, animé par les calamités qu'a souffert la ville de Hambourg, et mal informé des faits, à accollé mon nom à celui du maréchal Prince d'Eckmuhl sans faire aucune distinction entre ses actions et les miennes ; je me crois enfin obligé, pour mon honneur, et celui du nom que je porte, de rompre le silence, pour demontrer aux yeux du public, et à la face de l'Europe, l'injustice, et la fausseté de toutes ces accusations.

Quelqu'innocent qu'on se connaisse, avec la conscience la plus pure, et l'honneur le plus intact, on est cependant bien malheureux, de voir ternir ainsi son nom et sa reputation et cela sans le meriter. Les gazettes, les papiers publics, les pamphlets, se

copient, se repêtent, se traduisent dans toutes les langues; parviennent, percent partout,
et même jusques aux oreilles des souverains.
Si un souverain trompé par la, d'une parole
ou d'un geste dénote son improbation contre
un particulier, il l'ecrase, et le ruine peut-
être. Detrompé ensuite par la verité, son
cœur magnanime voudrait et peut-être ne
poura plus reparer le mal. Il est facile d'in-
duire l'opinion publique en erreur; mais il
est difficile de la ramener. Comment contre-
dire, comment refuter des articles de gazettes? Comment entrer en lice avec les auteurs
anonymes, ou inconnus de Pamphlets, et les
convaincre de faussetés, et de calomnie? Je
veux donc me borner à donner un simple
exposé des faits et de l'ensemble de ma
conduite, espérant que cela suffira, pour
convaincre le public honnête et impartial de
là pureté de mes intentions, et de la loyauté
de ma conduite.

A 4

C'etait au mois de juin 1813, me trouvant a Dresde au grand quartier général, que je fus nommé au Gouvernement de Hambourg; je partis aussitôt pour ma déstination, et y arrivai avant la fin du mois.

Je trouvai le Maréchal Prince d'Eckmuhl occupé des mesures pour faire payer la contribution extraordinaire, imposée sur la ville, et à réorganiser les autorités françaises. Soupçonneux, et jaloux par caractère, il me croiait peut-être destiné à le surveiller, ou le contrôler; et montra de l'eloignement à communiquer avec moi sur les affaires de finances. Quoiqu'autorisé par mon instruction à en prendre connaissance, je pris le parti de ne pas m'en mêler, et en rendis compte dans mes rapports à l'Empereur. Je ne me suis donc jamais mêlé en aucune façon, de l'administration des finances, et surtout pas de ce qui a regardé la contribution extraordinaire.

Ma position était singulière et difficile ; je n'étais Gouverneur que de la ville de Hambourg, et ses dépendances, savoir Harbourg, et les Isles entre ces deux places, le Maréchal etait Gouverneur-Général de toute la 32e Division militaire, et de plus Commandant en chef du 13e corps; et comme Maréchal mon supérieur à tous égards dans le commandement de toutes les troupes se trouvant la. Le Maréchal Prince d'Eckmuhl avait la manie de vouloir tout faire lui même, d'entrer dans les plus petits détails du service, et sans s'embarasser des réglements, de la bienséance, ou de la hierarchie militaire, il donnait ses ordres en droiture aux differentes branches du service. Quelque désagreable que cela fut pour moi, je crus cependant dans le commençement, pour le bien du service, ne pas devoir me brouiller avec lui; et surtout ne pas faire apperçevoir mon mecontentement en public. Tous les ordres du jour, toutes les publications, qui ont paru dans le tems à Hambourg, sont émanés de

A 5

lui ; c'est lui qui les dictait, et son chef d'état-major me les envoyait pour les faire publier et observer. Cela seul devrait suffire pour me disculper ; car il faudrait méconnaître toute principe de subordination militaire, pour vouloir soutenir, qu'un officier subordonné aurait pu se réfuser à exécuter les ordres de son superieur. Mais encore même, l'ordre du jour, par lequel les femmes, en cas d'émeute étaient menacées d'être fouettées, et contre le quel on s'est le plus recrié, ne merite aucunement cette indignation, qu'on a voulu exciter à ce sujet.

D'abord il est de fait, que les femmes avaient commencés l'émeute au mois de fevrier 1813. Ensuite on ne saurait trouver étrange, que dans une ville, ou il y avait une population de 80,000 ames, toute mal disposée contre le Gouvernement français, avec une garnison de deux à trois mille hommes, l'on prit des mesures de précaution, pour

conserver l'ordre et la tranquillité publique.
Or cet ordre du jour prescrivait, que lorsque
l'on battrait la générale ou l'alarme, et que
le canon tirerait, les habitants dussent se retirer dans leurs maisons, et ne pas se mon-
trer dans la rue; que si cependant des habitants au nombre de plus que quatre (*dans ce
cas d'alarme*) s'assembleraient dans la rue, et
à la première sommation de se retirer, n'obeï-
raient pas, *qu'alors*, ils seraient saisis, et tra-
duits devant une commission militaire, pour
être jugés et passés par les armes. Que si
c'etaient des femmes (*aussi seulement dans ce
cas d'alarme*) elles seraient fouëttées. Or assurément il ne pouvait s'agir ici que des femmes de la basse classe du peuple, qui avaient
commencées l'émeute en fevrier 1813; comme les Pamphlets en conviennent eux mêmes;
et il est connu, que dans toute l'allemagne
la peine du fouet est infligée aux femmes pour
pareils delits; cette peine etait aussi certaine-
ment moins sévère que celle de la mort fixée

pour les hommes; ainsi il est inconcevable comment l'on a pu, prendre cet ordre du jour comme un motif d'inculpation contre moi, pour m'accuser de cruauté.

Enfin en tout cas, cet ordre du jour a été fait par le Maréchal Prince d'Eckmuhl, qui me l'a envoyé pour le faire publier, et non seulement, que pas une seule femme n'aye été soumise à ce châtiment par mon ordre; mais même pas une seule femme n'a été arrêtée, ou emprisonnée pendant tout le tems de mon commandement.

Néanmoins j'ai lieu de croire, que c'est un article à ce sujet, qui a paru dans une gazette, ou bulletin de l'armée (*Zeytung aus dem Feldlager*), qui s'imprimait dans le quartier Général, du Général Tettenborn, et par conséquent de son sçu et approbation, qui a été l'origine, et a donné lieu à toutes les gazettes et papiers publics en Allemagne, An

gleterre, et la Hollande, de répêter cette ac-
cusation contre moi. Cet article du 2 octobre
1813 est ainsi conçu:

„ Un des *valets de boureau de Davoust*,
„ nommé Hogendorp à publié comme Gou-
„ verneur de Hambourg un Decrêt revoltant,
„ dans lequel il donne aux habitants de sages
„ conseils, comment ils auront à se compor-
„ ter, dans le cas d'une attacque sur la vil-
„ le. En voulant inspirer la terreur aux gens
„ il a montré en même tems, combien gran-
„ de est la sienne, et désigné le moment,
„ ou l'occasion se trouvera de le massacrer
„ avec toute sa garnison. Ce malheureux
„ pousse son indigne impudence si loin, que
„ lorsque plus que quatre femmes se trouve-
„ ront ensemble, il veut les faire saisir, et
„ les faire fouëtter. Il est vrai qu'il etait
„ accoutumé, que sa femme etait fouettée de
„ plusieurs maniéres, jusqu'a ce qu'enfin elle
„ est morte des suites à Berlin, ou lui même

„ également fouetté par les Cosaques, pen-
„ dant sa fuite de Russie, a dû l'abandonner
„ en terreur. Néanmoins pendant sa vie, il
„ n'aurait pas ôsé se permettre de faire im-
„ primer publiquement pareille infamie con-
„ tre le beau sexe. Nous pouvons d'ailleurs
„ assurer les belles Hambourgeoises, que si
„ elles voudraient fouetter Mr. Hogendorp,
„ avec des verges de Noël, aux quelles se-
„ raient suspendus des ducats, il se soumet-
„ tra volontiers comme un bon enfant, à cet-
„ te correction lucrative."

Je me borne à donner la traduction littéra-
le de cet article, sans aucun commentaire; je
n'ai jamais offensé, ni fait aucun mal au Général Tettenborn; je ne l'ai connu que de
vue à Paris en 1811, lorsqu'il etait aide de
camp, et attaché à l'ambassade du Prince de
Schwartsenberg. Mais j'en appelle à l'Europe civilisée; j'en appelle respectueusement au
Souverain magnanime, qu'il sert, s'il est per-

mis d'invectiver de cette maniere un officier ennemi; ou de souffrir du moins que cela se fasse dans un papier officiel, imprimé sous ses yeux dans son quartier Général?

Je ne releverai rien ici ce qui me regarde personnellement, mais n'est il pas cruël, de voir maltraiter ainsi, et cela sans aucune raison ma malheureuse Epouse défunte, qui pendant sa vie, a joui de la considération générale à St. Petersbourg, à Vienne, à Paris, et en Hollande sa Patrie, avec qui j'ai vecu dix ans dans l'union la plus tendre, et pour la quelle j'aurais donné ma vie pour sauver la sienne! J'ai receuilli ses derniers soupirs à Berlin le 23 janvier 1813, ou elle est décédée d'une fiévre scarlatine, gagnée en donnant ses soins à notre fille unique, qui avait pris cette maladie en route, victime de sa tendresse maternelle, et de son attachement pour moi, qui lui avait fait entreprendre ce voyage, et par conséquent morte ni de terreur, ni abandonnée par moi, comme le dit faussement l'article susdit.

Cependant, si, comme je crois pouvoir le poser en fait, cet article a été la source, et la cause première de toutes les accusations et calomnies repanduës ensuite dans les gazettes, journaux et Pamphlets contre moi, et ne me trouvant accusé ni chargé, par aucune plainte directe ou indirecte, ni auprès du Gouvernement français, ni auprès de mon Souverain, je pourrais peut-être m'en tenir à l'exposition que je viens de faire comme une justification suffisante.

Cependant comme dans des Pamphlets, ecrits par des gens expulsés de Hambourg, et imprimés avant notre sortie de la ville, on a entassé pêle mêle, et vaguement des inculpations contre moi, et confondu les actions, et la conduite du Maréchal Prince d'Eckmuhl avec les miennes, de manière à laisser de

fa-

facheuses impressions dans l'esprit du public, peu ou mal informé de la vérité; je veux, sans entrer dans une réfutation de toutes ces calomnies, par un simple exposé des faits, en prouver l'injustice et la fausseté manifeste.

Je suis arrivé à Hambourg en juin 1813, le Maréchal Prince d'Eckmuhl y étant, et comme je l'ài déjà dit, faisant tout par lui-même, c'est lui seul qui doit être censé avoir eu le commandement, et j'ai dû me borner à exécuter ses ordres; cependant même en cela, j'ose affirmer à la face de l'univers, que personne ne pourra m'accuser, avec vérité, d'aucune grossiereté, bien moins d'aucune cruauté, et que pour autant qu'il a dépendu de moi, j'ai mis dans l'exécution des ordres et les affaires du service, toute l'humanité, la douceur, et les bons procédés, que l'on peut exiger d'un galant-homme et d'un militaire d'honneur.

J'en appelle aux habitans d'Hambourg eux-mêmes, aux fonctionnaires publics, aux propriétaires, au clergé, aux bourgeois, même à la classe du Peuple et des Pauvres, je leur demande à tous, si tout ce qui est dit sur mon sujet, dans les Pamphlets publiés pendant le blocus, n'est pas faux et contraire à la vérité ?

Je demande en particulier au clergé, à Messieurs les Pasteurs de toutes les communions, si la fable débitée au sujet de leurs églises, et de la manière dont je les aurais traités, est vraie ? au contraire n'est- ce pas moi, qui les ai toujours protégés, et toujours bien reçus, quand ils sont venus me voir pour me faire quelque demande ou représentation ? Je leur ai conservé leurs églises, tant que je l'ai pû, et que cela à dépendu de moi; et lorsqu'au mois de Décembre, quand le Maréchal m'avait ôté le commandement, je ne pouvais plus rien faire, je leur en ai exprimé mes regrets. Leur ai-je jamais parlé Français? bien moins dit en cette langue les sottises, ou les grossieretés, dont m'accusent les Pamphlets? Je leur ai toujours parlé Allemand, que je parle aussi bien que ma langue maternelle. J'ai toujours reçu leurs députations avec honnêteté et bonté; les pasteurs des églises réformées, où j'assistais au cülte, venaient diner souvent chez moi, ainsi que le curé catholique, qui est mort victime de son zêle, à aller voir les malades dans les hôpitaux. Enfin, je le repête, j'en appelle au témoignage des Ministres de la Religion de toutes les communions; qu'ils parlent, je ne leur demande que la vérité !

Il en est de même d'un objet d'un autre genre, du spectacle; le contraire de ce dont on m'accuse est vrai; car, bien loin d'avoir fait défendre, ou tronquer les meilleures pièces, c'est moi qui ai permis de donner librement toutes les pièces de Schiller et autres

auteurs, quoique prohibées par la police générale française ; et bien loin d'avoir maltraité
la Direction, je l'ai protégée, et aidée en
toute occasion, j'ai payé le loyer de ma loge
au théatre français et allemand, jusqu'à ce
que réunis, ils ont obtenu un subside, ou
abonnement général pour les militaires, dont
les deux sociétés ont pu subsister pendant
tout l'hyver.

Voilà des faits! j'en appelle au témoignage
de tous les Hambourgeois, qui sont restés
dans la ville pendant le blocus. J'en appelle à celui de tout le corps d'armée français, des Généraux, des officiers, enfin à
celui des officiers supérieurs hollandais, et
de tous mes compatriotes, qui se sont trou-
vés en ce tems à Hambourg, et qui sont
maintenant dans ce pays, leur patrie.

Mais poursuivons. Le 16 Août 1813 le
Maréchal Prince d'Eckmuhl s'est porté en

avant avec le 13ᵉ corps, et la plus grande
et meilleure partie de la 50ᵉ Division, dés-
tinée exclusivément à la défense de Hambourg, me laissant seulement une foible garnison de tout au plus trois-mille hommes.

Je pensais qu'en partant, le Maréchal me
remettrait entièrement le Gouvernement, surtout sachant que j'étois destiné à le rempla-
cer dans le Gouvernement général; mais quoiqu'avancé rapidement jusqu'à Schwerin, il
a constamment conservé le commandement
et continué à m'envoyer des ordres, et des
instructions sur toutes les parties du service,
et en entrant dans tous les détails les plus
minutieux. En même tems, d'après sa fatale
méthode, qu'il nommait *sa manière de servir*
il correspondait directement avec les différents chefs de service, et cela non-seule-
ment avec les autorités civiles, mais princi-
palement avec les chefs de l'artillerie, et du

génie, malgré qu'ils fussent directement sous
mes ordres.

Il arrivait de-là, que des opérations et des
mouvemens avaient lieu, dont je n'avais aucune connaissance, ce qui était fort nuisible
au bien du service ; j'en ecrivis au Maréchal, et n'obtenant point de changement,
j'en rendis compte au Major-Général Prince
de Neufchâtel et au Ministre de la guerre ;
mais vu les événemens qui eurent lieu alors,
et lesquels coupèrent la communication, je
n'eus pas de réponses.

La défaite du corps d'armée du Maréchal
Duc de Reggio, près de Berlin, engagea le
Maréchal Prince d'Eckmuhl à se retirer de
Schwerin à Ratzebourg, pour défendre avec
son corps d'armée la position du Stecknitz
pour couvrir Hambourg et Lubeck. De-là
il venait souvent en ville pour inspecter les

ouvrages, et plus que jamais donner des ordres par lui même sur tous les objets et pour tous les services. Enfin le 22 Octobre il eut connaissance de la perte de la bataille de Leipsig, et déjà le 23 il vint à Hambourg, pour prendre toutes les dispositions nécessaires pour venir s'y enfermer. Il se tint sur le Stecknitz jusqu'à la fin de Novembre, et alors après avoir pris et abandonné en peu de jours la position de la Bille, il vint définitivement se jetter avec tout son corps d'armée dans Hambourg.

Ce fut à cette époque que je commençais à ressentir dans toute sa force le malheur de me trouver sous ses ordres. Ombrageux et défiant, il se méfiait de moi comme hollandais. Impérieux et grossier, il voulait me traiter sans égards, et même malhonnêtement. Changeant et versatile, il donnait des ordres à droit et à gauche tantôt à l'un, tantôt à l'autre sans méthode, sans suite, et sans but, de sorte qu'il était impossible de faire le service de cette manière.

Enfin ce fut au sujet des mesures qu'il prit, pour l'expulsion des bouches inutiles, que je me suis brouillé définitivement avec lui. Je ne pouvais ni ne voulais approuver les mesures dures et arbitraires qu'il prescrivait pour l'exécution de ses ordres, ni en être l'instrument. Pour faire voir l'incohérence de ces mesures, je me borne à donner à la suite de ce mémoire les publications des différentes autorités faites à ce sujet par ordre du Maréchal. On n'a qu'à remarquer les dates pour en juger; voyez N°. 1. jusqu'à 8. et comme il déclarait, qu'il ne voulait pas se départir de sa manière de donner ses ordres en droiture, je lui dis, qu'en ce cas mes services n'étaient plus nécessaires, et que je me retirerais chez moi, pour m'y tenir tranquille, jusqu'a ce que les communications seraient rétablies, et qu'alors je me plaindrais à l'Empereur de sa conduite envers moi.

C'est donc depuis ce jour, 19 Décembre 1813, ou même déjà depuis le 13 Décembre, jour où M. le Maréchal a nommé M. l'Adjudant-Commandant de Fernig, Commandant-Supérieur de la ville, pour recevoir les ordres directement de lui, en conséquence de quoi mon autorité était annullée, que je n'ai plus fait aucun service, ni pris part à aucune opération ou mesure qui a eu lieu; et qu'ainsi assurément rien de ce qui s'est passé, ne peut m'être imputé, ou porté à charge. Quoique même aussi auparavant déjà de la manière despotique, dont le Maréchal conduisait les affaires, et exerçait son commandement, on ne puisse tout aussi peu, m'attribuer aucune des mesures, ou actes du Gouvernement, puisqu'ils émanaient tous de lui seul.

Du moment ou le blocus a commencé, et que l'armée Russe nous a investis, c'est-à-dire, du commencement du mois de Décembre, nous n'avons plus eu aucune communication au dehors. L'ennemi empêchait les nouvelles et papiers publics de nous parvenir; et le Maréchal aussi de son côté prenait les mesures les plus sévères, comme il le dit lui-même dans son mémoire, pour empêcher toute communication avec l'extérieur. Par-là nous avons été privés pendant tout l'hyver de la connaissance des événemens, qui se passaient en France et ailleurs pendant ce tems, et je puis assurer n'avoir jamais vu les proclamations du Général Comte Bennigfen, que le Maréchal produit auprès de son Mémoire. D'un autre côté on n'était aussi pas informé, hors de la ville, de ce qui s'y passait, on ignorait, ou dumoins on n'était pas informé au juste de mes démêlés avec le Maréchal, et je le repète, il n'eut pas été convenable, de faire paraître

en public nos dissentions. De-là vient appa-
remment, que dans les Pamphlets et articles
de gazettes écrits dans ce tems, on a confondu les accusations; tandis que ne faisant
aucun service, ni exerçant aucune autorité,
je n'ai eu aucune part, à ce qui s'est fait
ou passé, pendant tout ce tems.

Comme le seul but de ce mémoire est de
me disculper devant l'Europe et devant ma
Patrie, des facheuses impressions, que ces
inculpations ont produits sur l'esprit du public contre moi; et non de discuter mes
griéfs personnels contre le Maréchal Prince
d'Eckmuhl. Je n'en ai fait mention que
pour autant que cela était nécessaire afin de
prouver, que par la manière du Maréchal
d'exercer seul toute l'autorité, je ne puis
raisonnablement être rendu responsable d'aucun acte du Gouvernement, puisque je n'ai
pu agir que par son ordre; et que même
après, lorsque j'ai renoncé à tout exercice

de mes fonctions il serait plus injuste encore de m'attribuer aucun des événemens qui ont eu lieu dans ce tems.

Car pour ce qui regarde mes différents avec le Maréchal, la décision en pouvait appartenir seulement au Gouvernement de l'empire français, s'il avait continué d'exister; et maintenant ce ne peut plus être qu'une affaire particulière entre Mr. le Prince d'Eck-muhl et moi.

Je ne prétends aussi aucunément dans ce Mémoire, ni inculper ni disculper le Maréchal, des accusations portées contre lui; je ne veux pas m'en mêler; et j'en laisse la décision a qui de droit.

Son Mémoire ne m'inculpe en aucune manière, et cela prouve aumoins, qu'il n'y a aucun fait ou action, dont il aurait pu rejetter la responsabilité sur moi.

Pour ce qui regarde la prise de la banque, on y voit que je n'y ai été que passif, obligé d'exécuter les ordres qu'il m'a donnés; car la phrase dans la lettre du Comte de Chuban, pag. 120. Nº. 35. de son Mémoire ou il dit, *Mr. le Comte de Hogendorp et moi nous pensons qu'il n'y a plus d'autre moyen que de s'emparer de la banque*, ne peut être entendue que conditionnellement, c'est-à-dire, que, si le Maréchal voulait se soutenir à Hambourg, et n'ayant aucun autre moyen de se procurer l'argent nécessaire, pour faire subsister l'armée, il ne lui restait plus que ce moyen la. D'ailleurs on verra par la date, qu'alors la banque était déjà saisie; et je puis affirmer, que lorsque Mr. le Comte Chuban est venu me porter l'ordre du Maréchal de faire mettre le sçellé sur la banque, je n'en avait aucune connaissance préalable, et que ni Mr. le Maréchal, ni Mr. le Comte Chuban, ne m'en avaient jamais parlé, bien moins demandé mon avis.

Je pourrais peut-être encore citer beaucoup de particularités à mon avantage, et pour me disculper, comme d'avoir eu soin que les travailleurs aux fortifications fussent régulierè- ment payés; d'avoir effectué que les femmes et adolescens de la classe indigente, y fussent admis, contre le gré des officiers du génie, les femmes pour deux tiers, et les enfans pour la moitié des douze schillings alloués aux hommes; d'avoir fait cesser les abus, qui avaient lieu en exigeant des gens comme il faut et même des femmes et des veuves de fournir des remplaçans pour ces travaux; d'avoir prouvé mon estime, et ma confiance aux habitans de Hambourg en formant six compagnies de Bourgeosie pour entretenir l'ordre dans l'intérieur et en cas d'incendie; lesquelles le Maréchal a licenciés aussitôt de son retour en ville; enfin d'avoir donné un exemple éclatant de justice sévère et d'impartialité en faisant revoir et casser la sentence d'un conseil de guerre contre un cui-

rassier français, qui avait tué un paysan, en
faisant la maraude avec plusieurs autres, et
n'avait été condamné qu'à une peine legère,
et le faisant traduire devant un nouveau conseil de guerre, qui l'a condamné à mort.

Mais je crois en avoir dit assez pour oser
me flatter, qu'un Public éclairé et impartial,
tant dans ma patrie que dans les autres pays
de l'Europe, quoiqu'égaré peut-être pour un
moment par les bruits répandus, reviendra de
son erreur à mon egard, et sera convaincu
que ma conduite à toujours été conforme aux
principes les plus purs de modération, d'humanité et d'honneur. Comme je crois, que
la justice m'en est rendue à Königsberg, à
Wilna, à Breslau, et partout où j'ai eu quelque commandement.

Il ne me reste plus, qu'à exposer la manière dont j'ai quitté Hambourg, pour retourner dans ma patrie, afin de réfuter l'infa-

me calomnie, que l'on s'est permis dans la gazette de Francfort du 8 août 1814 en disant *que je me suis empressé d'aller cacher ma honte en Hollande.*

Le Maréchal Prince d'Eckmuhl s'étant décidé le 29 avril à reconnaître le nouveau Gouvernement en france, en donna connaissance aux Généraux de Division, assemblés chez lui à cet effet. Je lui représentais, que l'Empire français étant dissous, et la Hollande qui en faisait partie, rétablie comme un État indépendant, les Hollandais ne pouvaient reconnaître le Roi de France comme leur Souverain. Il se fâcha comme à son ordinaire; prétendit que nous étions tous français, et qu'il ne connaissait point d'hollandais; voulait que nous prétassions tous le serment; enfin me menaça de traiter ma conduite de rébellion, de me faire arrêter et traduire devant un conseil de guerre.

Peu

Peu intimidé par ses menaces et voulant préciser ma conduite, je lui envoiai la Déclaration N°. 9. je rassemblai chez moi tous les officiers hollandais se trouvant à Hambourg, et après leur avoir donné connaissance des événemens, nous signames ensemble l'acte N°. 10. que j'envoiai avec la lettre N°. 11. à S. A. R. notre gracieux Souverain. J'attendis ensuite jusqu'au 5 mai, que le Général d'artillerie Foucher étant arrivé comme Commissaire du Roi Louis XVIII. pour faire la remise de la ville de Hambourg etc. aux alliés, j'écrivis à M.r le Maréchal Prince d'Eckmuhl la lettre N°. 12. à la quelle il me fit faire par son Chef d'Etat-Major la réponse insolente N°. 13.

Je partis le lendemain matin pour Altona, d'où je lui écrivis avant de continuer mon voyage une lettre qui exprimait les sentimens que sa conduite avait fait naître en moi.

Je suis arrivé le 15 Mai à la Haye. J'y attends de la justice, du bon sens et de la candeur de mes compatriotes, que le simple exposé des faits, que je viens de tracer, les convaincra que ma conduite comme Gouverneur de Hambourg ne mérite aucun blame, et qu'aussitôt que j'ai connu la restauration de ma patrie au rang des nations indépendantes, et de l'élévation de l'illustre Maison d'Orange à la Souveraineté, je n'ai pas hésité un instant à renoncer à tous les avantages de rang, de distinctions et de revenus que m'offrait le service de la France, pour venir jurer foi et hommage au Prince Souverain, et lui offrir mes services.

No. 1.

A V I S.

Les articles 2 et 4 de l'arrêté de S. E. le Prince D'ECKMUHL, en date d'hier, et qui a été affiché ce matin, désignent d'une manière précise les diverses classes d'habitans, qui sont tenus d'évacuer la ville sous 48 heures.

Le Maire fait maintenant connaître au public que d'après les intentions formelles de S. E., tous ceux des habitans aux-quels les articles précités sont applicables et qui ne s'y conformeraient *pas avant l'expiration du délai fixé*, se mettront dans le cas non seulement d'être expul sés par la force armée, mais encore d'être privés de la faveur que leur accordent les articles 3 et 9 du même arrêté parcequ'alors tous leurs biens meubles et immeubles seraient séquestrés; tandis qu'en se soumettant entièrement à la mesure ordonnée, ils auront la faculté d'emporter leurs effets avec eux ou de les laisser en dépôt à des personnes de confiance, qui d'après la déclaration qu'elles en remettront au commandant de canton obtiendront en suite la permission de les leur faire passer.

Hambourg, le 19 *Décembre* 1813.

RÜDER.

No. 2.

A V I S.

Son Altesse le Prince D'ECKMUHL vient d'ordonner au Maire de faire publier ce qui suit: qu'il est conforme à ses intentions de mettre en exécution rigoureuse son arrêté du 18 Décembre

1813, affiché le 19 Décembre, concernant la diminution de la population existante de Hambourg, tel qu'il est statué dans les articles 2 et 4 du même arrêté.

Comme la visite domiciliaire à l'examen des approvisionnemens des habitans et la recherche des étrangers habitans de Hambourg pas obtemperants à la loi de l'émigration prescrite, aura lieu demain soir, et les personnes soumis à l'urgence de l'émigration n'auront plus la faculté basée dans les articles 3 et 9.

Chaque étranger ou habitant pas approvisionné devant sortir de Hambourg, est invité de s'y soumettre, demain, les portes étant encore ouvertes; s'il y aura après à Hambourg des étrangers sans permis de rester ici, ou de non approvisionnés, la gendarmerie les fera sortir sur le champ sans effets ou biens-meubles, et ils seront déchûs des faveurs accordées à l'émigration volontaire.

Hambourg, le 20 *Décembre* 1813.

Le Maire R ü D E R.

No. 3.

A V I S.

Le Maire prévient les habitans de Hambourg que ceux qui, d'après l'arrêté de M. le Maréchal, Prince D'ECKMUHL, en date du 18, doivent évacuer la ville et qui ne se seront pas conformés à cet arrêté dans le délai voulu, seront en conséquence d'un ordre formel de Son Excellence expulsés par la force armée et que tous leurs effets et meubles seront confisqués.

Le Maire invite donc les habitans auxquels s'applique l'arrêté précité, à s'y soumettre ponctuellement, afin de jouir de la faculté d'emporter leurs effets ou de les laisser en dépôt à des personnes de confiance, qui obtiendront la permission de les leur faire passer.

Hambourg, le 20 *Décembre* 1813.

Le Maire RÜDER.

No. 4.

Le Préfet du Département des Bou-
ches de l'Elbe, Auditeur au Con-
seil d'Etat, Chevalier de l'Ordre
Impérial de la Réunion, Baron de
l'Empire.

Vû les ordres de S. E. le Prince D'ECKMUHL,
en date de ce jour,

Enjoint à tous les habitans de *Hambourger-*
berg d'évacuer leurs maisons dans le délai de
quatre jours au plus tard, à compter de la date
du présent; les prévenant qu'en cas de retard
ils se mettraient dans le cas de voir détruire
leurs maisons, et de se voir privés de leur mo-
bilier qui serait alors saisi.

La même injonction est faite sous semblable
peine à tous les autres habitans du territoire de
Hambourg, dont les maisons ne seraient pas si-
tuées à six cent toises du *Stern-Schanze.*

Fait à Hambourg le 20 *Décembre* 1813.

DE BRETEUIL.

C 4

No. 5.

A V I S.

Le Maire prévient le public, que sur les ré-
presentations, qui ont été faites à Monsieur le
Maréchal, Prince D'ECKMUHL, que le délai fixé
à tous les habitans au 21 Décembre, pour que
les individus non approvisionnés doivent sortir
de la ville, n'étoit point suffisant, même avec
la meilleure volonté d'exécuter ses ordres;

Son Excellence a prorogé jusqu'au 24 Décembre, terme de rigueur, le délai accordé.

Les personnes non approvisionnées sont pré-
venues, qui si elles ne profitent pas de ces deux
jours de délai, elles seront enlevées de vive force et on ne leur tiendra nul compte des effets
et vivres, qu'ils pourront avoir.

Les portes seront ouvertes aux mêmes heures,
savoir de 10 heures du matin jusqu'à 2 heures
de rélevée.

Ce délai accordé ne regarde en aucune manière

les personnes comprises dans l'article 4 de l'arrêté précedent, les étrangers, commis, compagnons de metier.

Hambourg, ce 22 Décembre 1813.

Le Maire RüDER.

———

No. 6.

Extrait du Registre des Séances et Délibérations de la Commission de sûreté, créée par S. A. Monseigneur le Maréchal Prince D'ECK-MUHL, *le 14 Décembre* 1813.

Séance du 22 Décembre 1814.

La Commission Spéciale s'est réunie à neuf heures du matin, au lieu ordinaire de ses séances, sous la Présidence de Monsieur le Colonel CHARLOT.

M. le Président informe la Commission que d'après les renseignemens positifs qui lui sont parvenus, cinq-cent-trente-cinq individus ont évacué la ville dans la journée.

Un Membre observe qu'un avis du Maire, en date de ce jour et placardé dans toute la ville, annonce aux habitans que S. A. a prorogé jusqu'au 24 de ce mois le délai qu'elle avait fixé au 21 pour l'évacuation des individus non approvisionnés.

Cet avis, ignoré de la Commission, a contrarié ses instructions et les opérations de MM. les Commandants de Canton, et a été la cause immédiate et nécessaire de ce que l'émigration n'a pas été aussi nombreuse que dans les jours précédens.

La Commission invite M. le Maire à lui faire parvenir désormais toutes les affiches des avis ou notification qu'il pourrait publier relativement aux opérations de la Commission.

La Commission lève sa séance à six heures et s'ajourne à demain matin neuf heures.

Fait et clos à Hambourg, le 22 Décembre 1813.

Signé au registre : les membres de la Commission de sûreté : le Colonel CHARLOT, Président, SCHINDLER, PINEL, BEAUVERT et MENESTRIER.

Pour Expédition conforme le Colonel, Président de la Commission.

CHARLOT.

___

No. 7.

A V I S.

Tout individu, qui n'aura point obtempéré aux ordres réïtérés de S. A. le Maréchal, Prince D'ECKMUHL, tendant à évacuer la ville sans délai, faute de s'être approvisionné pour six mois, sera sur le champ arrêté et recevra immédiatement 25 coups de bâton.

Dans le cas où cette première punition serait sans effet ; l'individu sera réarrêté et conduit hors des murs , après avoir reçu 50 coups de bâton.

Hambourg, le 22 Décembre 1813.

Par ordre de S. A. le Maréchal, Prince D'ECKMUHL.

Le Colonel de Gendarmerie, Président de la Commission de sûreté,

CHARLOT.

————

No. 8.

A V I S.

Son Excellence Mr. le Maréchal Prince D'ECK-MUHL, voulant donner un dernier acte d'indulgence envers les habitans non approvisionnés pour six mois, qui, n'ayant point encore évacués la ville, ont encouru la peine d'exportation forcée, leur accorde une prolongation de 24 heures.

En conséquence les habitans non approvisionnés pour six mois et ceux dans le cas de devoir quitter Hambourg comme étrangers , pourront encore sortir librement aujourd'hui 25 et demain 26. A cet effet les portes continueront d'être ouvertes , depuis dix heures du matin jusqu'à deux heures après midi.

Mais si contre l'attente de Mr. le Maréchal, des retardataires se trouvoient encore dans la ville, passé le 26 , il prévient , que tout délai comme toute pitié auroient cessés, et qu'alors les Buletins de l'ennemi à son entrée dans Lubeck , tendant à exciter les Hambourgeois à la révolte , se justifiant par leur non-obéissance ; des visites domiciliaires, rigoureuses et continues seront faites , les contrevenants arrêtés et leurs propriétés confisquées.

Hambourg, le 25 Décembre 1813.

Le Sous-Chef de l'Etat-Major général du 13.ᵉ Corps, Commandant supérieur de la Place,

DE FERNIG.

No. 9.

Hambourg, ce 30 Avril 1814.

A Son Excellence, Monsieur le Maréchal Prince D'ECKMUHL, *Commandant en Chef, &c. &c. &c.*

MONSIEUR LE MARÉCHAL!

Ce ne fut que par la réunion de la Hollande avec l'Empire français, que je suis devenu sujet de S. M. l'Empereur Napoleon, et que je suis passé à son service avec l'armée hollandaise. Je l'ai servi avec fidelité, zêle, et dévouement; il m'a comblé de bienfaits, et m'a honoré de sa confiance et de son estime; je ne l'oublierai jamais! mais les événemens inouis, qui ont eu lieu en france, paraissent avoir eu pour suite une abdication formelle de l'Empereur Napoleon. Cette abdication me délie non seulement de mon serment comme militaire; mais la Hollande, ma patrie primitive, se trouvant par-là détachée de l'Empire français, je redeviens aussi moi hollandais, et je desire retourner dans mon pays, pour y faire hommage au Souverain, que mes Compatriotes ont choisi d'un commun accord.

Je me suis honoré d'être français, et je crois aussi avoir fait honneur à ce nom ; mais je ne le suis plus. L'Empire français , dont la Hollande faisait partie a cessé d'exister , il a été détruit , et l'abdication de l'Empereur Napoleon rend à chacun ses droits. On a rétabli l'ancien Royaume de France , la Hollande s'est relevée comme un Etat indépendant ; et tout comme les français ont eu le droit incontestable d'élire Louis XVIII pour leur Roi, comme ils ont fait, les hollandais ont eu celui d'appeler le Prince d'Orange à être leur Souverain. Aussi est-il déjà reconnu comme tel par les grandes Puissances de l'Europe.

Je crois d'après cela , Monsieur le Maréchal, qu'on ne peut pas exiger des hollandais , qui se trouvent incorporés dans l'armée française , de prêter le serment de fidelité, en qualité de sujets , à sa Majesté le Roi Louis XVIII; car , quoiqu'une paix définitive n'ait pas encore fixé les destinées et les limites des divers Etats, il

ne peut cependant exister aucun doute, sur ce
que la Hollande ne soit plus une partie de la
France, et qu'en conséquence les hollandais ne
peuvent être considérés comme sujets du Roi de
France, et contraints de lui jurer fidelité.

Je prie donc votre Excellence de vouloir prendre ces raisons en considération, et d'exempter
les hollandais, qui se trouvent ici dans le corps
sous ses ordres, du serment civil, exigé des
français. Cependant, aussi longtems que l'état
d'hostilité existe, et que les arrangemens défini-
tifs pour la dislocation de ce corps, et l'évacuation de cette place, ne soient pas faits, nous
avons trop d'honneur pour ne pas vouloir rester
comme militaires attachés au corps français,
dont nous avons l'honneur de faire partie, et
desirer de partager ses périls et ses travaux jusqu'au dernier moment, et à cet effet même de
prêter un serment de fidelité comme militaires
aux drapeaux français, et de porter la même
cocarde comme uniforme, jusqu'à ce que les
ordres nécessaires soient arrivés, pour nous faire
retourner dans notre patrie.

Voi-

Voilà, Monsieur le Maréchal, ce que l'honneur et le devoir me prescrivent de vous déclarer. Je reconnais sa Majesté Louis XVIII comme Roi de France; mais je ne puis lui prêter serment comme son sujet, étant convaincu, que la Hollande ne fait plus partie de la France, et que délié de mes sermens par l'abdication de l'Empereur Napoleon, je rentre dans mes droits et mes devoirs comme hollandais, et ne puis être forcé à servir la France, comme militaire, contre ma volonté.

J'y renonce, et je desire retourner dans ma patrie. Je prie votre Excellence de m'en accorder la faculté, aussitôt que les circonstances le permettront.

J'ai l'honneur d'être &c.

Signé   Le Comte DE HOGENDORP.

—

No. 10.

Nous Soussighés, tous Hollandais, considérant, que par la réunion de la Hollande avec l'Empire Français en l'année 1810, étant passés au service de S. M. l'Empereur NAPOLEON avec l'armée Hollandaise, nous l'avons servi avec fidelité et honneur, mais, que par les événemens qui ont eu lieu en france et en hollande, et par lesquels elle s'est détachée de la france, ses habitans ont appellé S. A. R. le Prince d'Orange, à étre leur Souverain, et l'Empereur NAPOLEON par son abdication formelle et volontaire nous a délié du serment, que nous lui avions prêtés. Nous déclarons par la présente:

1.) Que par suite de ces événemens nous ne nous considerons plus être français, mais redevenus hollandais.

2.) Que nous reconnaissans la Hollande comme un Etat libre et indépendant.

3.) Que nous reconnaissons également d'un commun acord, et par vive affection comme notre Souverain S. A. R. le Prince d'Orange, appellé à la souveraineté par nos compatriotes, et reconnu comme tel.

4.) Qu'aussitôt que nous en aurons la faculté, nous demanderons notre démission du service de france, pour rentrer dans notre chère patrie, et nous mettre à la disposition de S. A. R. notre gracieux Souverain.

Enfin nous prions, le Général de Division, Comte DE HOGENDORP, comme l'Officier le plus ancien et le plus élevé en grade parmi nous, de faire les démarches nécessaires, afin de nous procurer le libre retour dans notre patrie, ainsi que les subsistances pendant la route, et le payement de ce que nous avons à réclamer du Gouvernement français.

Nous déclarons en outre, vouloir nous soumettre au commandement du susdit Général et d'obëir à tous ses ordres jusqu'a notre retour en Hollande et que les ordres ultérieures de notre Souverain seront arrivés.

Fait à Hambourg, le 30 Avril 1814.

Suivent les signatures.

***

No. II.

A Son Altesse Royale Monseigneur
le Prince d'Orange et Nassau,
Prince Souverain des Pays-bas,
&c. &c. &c.

MONSEIGNEUR!

Je saisis le premier moment où je suis rendu à ma patrie et à moi-même, pour venir présenter très-respectueusement à Votre Altesse Royale mon adhésion au vœu de mes compatriotes, qui l'ont appellé à la souveraineté de notre pays, ainsi que l'expression de ma fidélité et de mon hommage comme son sujet.

J'ai l'honneur de lui présenter ci-joint une copie de la déclaration, que j'ai faite à cette occasion au Maréchal Prince D'ECKMUHL, ainsi que du procès-verbal, par lequel la plus grande partie des Hollandais qui se trouvent ici, se sont joints à moi, pour reconnaître Votre Altesse Royale comme notre gracieux Souverain.

En conséquence je continuerai à m'occuper du

soin de réunir tous les Hollandais officiers et soldats qui ont fait partie de ce corps d'armée, pour les ramener à la disposition de Votre Altesse Royale. Je la supplie de vouloir m'honorer de ses ordres ultérieurs à ce sujet, et de compter sur mon zèle, et mon obéissance à les exécuter ponctuellement.

Daignez agréer, Monseigneur! les assurances du plus profond respect et de la fidélité inviolable avec lesquels je serai désormais pour la vie,

de Votre Altesse Royale!

le très-humble, très-obéissant et
très-fidèle sujet,

(*Signé*)   Le Comte de Hogendorp.

Hambourg, *le 29 Avril* 1814.

———

No. 12.

Hambourg, le 6 Mai 1814.

*A Son Excellence Monseigneur le
Maréchal Prince* D'ECKMUHL *,
Commandant en Chef &c. &c. &c.*

MONSEIGNEUR !

Comme votre Excellence vient de recevoir maintenant des ordres, pour l'évacuation de cette
place, et le retour du corps d'armée qu'elle com-
mande en france, je prends la liberté de lui re-
presenter : que le plus grand nombre des officiers
hollandais de naissance qui se trouvent ici, ayant
déclaré comme moi; *que se trouvant déliés par
l'abdication de l'Empereur Napoleon, du serment qu'ils lui avaient prêtés, ils desirent retourner dans leur patrie.* Et que sans doute
les sous-officiers et soldats hollandais pensent
de même, et s'expliqueront dans ce sens, dès
qu'on leur en donnera la liberté, il me parait
qu'il ne peut existe aucun obstacle pour leur
accorder cette juste demande.

Il est bien certain et notoire que la Hollande ne fait, et ne fera plus partie de la france, et est même déjà reconnue, par les puissances de l'Europe, comme un Etat indépendant.

De-là il résulte évidemment que les hollandais ne peuvent être forcés à servir une puissance étrangère, et que ceux qui par suite de la réunion de la Hollande avec la France, ont été incorporés dans l'armée françoise ont le droit de demander d'être rendus à leur patrie.

Il me parait aussi évident, que même le Gouvernement français ne peut vouloir pour aucune raison la garder à son service, et qu'ainsi son intérêt est d'en être débarrassé le plutôt possible.

En conséquence je prie V. E. de vouloir prendre des arrangemens pour faire réunir tous les Hollandais de naissance, officiers, sous-officiers et soldats de toutes armes, en un seul détachement, de leur faire payer leur solde, et de tout ce qui leur est dû, et me les faire remettre, pour que je puisse les conduire en Hollande à notre-Souverain.

Nous conserverons tous un sentiment profond de l'honneur que nous avons eu d'avoir fait partie de cette brave armée qui a cueilli tant de lauriers et tant de gloire, mais les grands événemens qui ont eu lieu, ayant rendu notre patrie à une existence indépendante, elle nous rappelle dans son sein, et notre amour pour elle nous prescrit le désir d'y retourner dès que nous le pouvons.

J'ai l'honneur d'être &c.

(*Signé*) Le Général Comte DE HOGENDORP.

No. 13.

Hambourg, le 6 Mai 1814.

MONSIEUR LE COMTE,

Mr. le Maréchal Prince D'ECKMUHL, me charge d'avoir l'honneur, en réponse a votre lettre de ce matin, de vous envoyer le passeport ci-joint, avec l'ordre formel de partir dans les 24 heures.

S. Exc. me charge de vous observer : „ que
„ vous pouvez parler en votre nom, mais qu'el-
„ le trouve fort extraordinaire que vous parliez
„ pour la troupe ; qu'elle n'a pas besoin de vos
„ avis, pour savoir ce qu'elle doit faire, d'après
„ les ordres qu'elle a reçus de son Gouverne-
„ ment."

J'ai l'honneur de vous satuer avec respect:

Le Général Chef d'Etat Major Général du 13e Corps,

CESAR DE LAVILLE.

E